Kylian M

Por Unite

https://campsite.bio/unitedlibrary

Índice

Descargo de responsabilidad

Este libro biográfico es una obra de no ficción basada en la vida pública de una persona famosa. El autor ha utilizado información de dominio público para crear esta obra. Aunque el autor ha investigado a fondo el tema y ha intentado describirlo con precisión, no pretende ser un estudio exhaustivo del mismo. Las opiniones expresadas en este libro son exclusivamente las del autor y no reflejan necesariamente las de ninguna organización relacionada con el tema. Este libro no debe tomarse como un aval, asesoramiento legal o cualquier otra forma de consejo profesional. Este libro se ha escrito únicamente con fines de entretenimiento.

Introducción

La historia de Kylian Mbappé invita a los lectores a adentrarse en el extraordinario viaje de Kylian Mbappé Lottin, la sensación del fútbol francés que ha dejado una huella indeleble en la escena mundial. Nacido en París y perfeccionado en el cercano barrio de Bondy, el ascenso a la fama de Mbappé comenzó con el AS Mónaco en 2015 y culminó con un título de la Ligue 1 a la tierna edad de 18 años.

Esta cautivadora biografía recorre el histórico traspaso de Mbappé al París Saint-Germain por 180 millones de euros, que consolidó su estatus como el segundo jugador más caro y el talento adolescente más caro de todos los tiempos. Con el PSG, ha cosechado una serie de éxitos, incluidos cinco títulos de la Ligue 1 y la clasificación del club para su primera final de la Liga de Campeones de la UEFA en 2020.

A nivel internacional, el impacto de Mbappé ha sido sísmico. En la Copa Mundial de la FIFA 2018, grabó su nombre en la historia como el jugador francés más joven en marcar en un Mundial y el segundo adolescente, después de Pelé, en marcar en una final de la Copa Mundial. La historia explora sus galardones, entre ellos el de Mejor Jugador Joven de la Copa Mundial de la FIFA y el de Jugador Francés del Año.

En 2022, las hazañas de Mbappé continuaron, ganando la Bota de Oro y el Balón de Plata en la Copa Mundial de la FIFA, estableciendo un récord de más goles marcados en finales de la Copa Mundial con un hat-trick. El libro profundiza en sus honores individuales, incluido el Balón de Oro y finalista a Jugador del Año de la FIFA, así como su reconocimiento como una de las 100 personas más influyentes del mundo según Time. Este libro es un retrato íntimo del meteórico ascenso de Mbappé, que celebra su brillantez sobre el terreno de juego y el impacto que ha tenido en el panorama futbolístico mundial.

Kylian Mbappé

Kylian Mbappé, nacido el 20 de diciembre de 1998 en París, es un futbolista internacional francés que juega como delantero en el París Saint-Germain. Considerado uno de los mejores jugadores del mundo, es famoso por su habilidad en el regate, su eficacia y su excepcional velocidad.

Mbappé creció en Bondy, un suburbio parisino, y comenzó su carrera profesional en 2015 en el AS Mónaco, donde demostró su precocidad y ganó la Ligue 1 2016-2017. Al final de esa temporada, fichó por el París Saint-Germain en un traspaso de 180 millones de euros, la segunda cifra más alta de la historia después de Neymar. Con el PSG, el delantero ganó numerosos trofeos nacionales, incluidos cinco títulos de liga, alcanzó la final de la Liga de Campeones en 2020 y se convirtió en el máximo goleador del club. Máximo goleador de la liga francesa en cinco ocasiones, es el futbolista más galardonado en los trofeos de la UNFP, siendo coronado cuatro veces mejor jugador de la Ligue 1 y tres veces mejor jugador joven.

A nivel internacional, Mbappé debutó con la selección absoluta de Francia en 2017 con 18 años. En el Mundial de 2018, se convirtió en el segundo jugador más joven después de Pelé en marcar dos goles en la fase final (en octavos contra Argentina) y en marcar en la final, que ganó 4-2 a Croacia. Al marcar cuatro goles, fue nombrado mejor jugador joven de la competición. Ese mismo año disputó la Eurocopa 2021 y ganó la Nations League. En el Mundial 2022, Francia alcanzó de nuevo la final, donde Mbappé marcó un triplete (el primero desde el inglés Geoff Hurst en 1966) para convertirse en el máximo goleador de la historia en esta fase de la competición. A pesar de perder en la tanda de penales contra Argentina, terminó como máximo goleador del torneo con 8 goles. Tras el torneo, el seleccionador Didier Deschamps le nombró capitán del equipo francés.

Extremadamente popular, Mbappé es uno de los deportistas de los que más se habla en Francia y el más seguido en las redes sociales. También es uno de los jugadores mejor pagados del mundo, aparece en una gran cantidad de contenidos publicitarios y contribuye a varias organizaciones benéficas.

Biografía

Juventud y formación

Kylian Mbappé Lottin nació el 20 de diciembre de 1998 en el distrito 19 de París, en la región de Île-de-France.

Procede de una familia de deportistas. Su padre, Wilfrid Mbappé Lottin, nacido en Duala (Camerún), es un antiguo futbolista regional que llegó a ser entrenador de la selección sub-15 de la Association Sportive de Bondy, al noreste de París. Su madre, Fayza Lamari, franco-argelina nacida en Bondy de padres cabileños de Amizour (wilaya de Béjaïa, Pequeña Cabilia), jugó al balonmano en el mismo club de la División 1 hasta 2001. Juntos criaron a Jirès Kembo Ekoko (nacido en 1988, hijo del futbolista internacional zaireño Jean Kembo uba Kembo) poco después de que éste llegara a Francia de niño, en 1999. Por ello, Kylian lo considera su hermano mayor. Jirès se convirtió en futbolista profesional en 2006, tras formarse en el Stade rennais FC. Kylian tiene un hermano ocho años menor que él, Ethan, que también es futbolista.

De niño, Kylian Mbappé asistió a una escuela católica privada en Bondy, donde se le consideraba académicamente dotado pero extremadamente revoltoso.

En 2004 empezó a jugar al fútbol en el AS Bondy, un club con 750 socios del que han salido jugadores profesionales como Sébastien Corchia, Steven Joseph-Monrose y Jonathan Ikoné.

En 2011, fue seleccionado como parte de la generación de 1998 en el centro INF Clairefontaine, junto a Arnaud Nordin, cuya formación fue seguida por dos periodistas del departamento de deportes de Le *Monde*. Acude al instituto Catherine-de-Vivonne de Rambouillet y sigue jugando los fines de semana en el AS Bondy. Tras completar su formación previa en Clairefontaine en 2013, estuvo en contacto con varios clubes en Francia, entre ellos el Girondins de Burdeos, donde sus padres conocieron a Yannick Stopyra, y el Stade Malherbe de Caen, con el que se llegó a un principio de acuerdo, así como en el extranjero (Real Madrid, Chelsea, etc.). Finalmente, se incorporó al centro de formación del AS Mónaco, donde el primer equipo regresó a la Ligue 1.

Siguió progresando: en septiembre de 2014, fue seleccionado en dos ocasiones para la selección francesa sub-17. Comenzó la temporada 2015-2016 marcando tres dobletes consecutivos con el equipo sub-19 del AS Mónaco. Poco después, debutó con el equipo reserva de la CFA, con el que marcó sus primeros goles en noviembre de 2015.

En septiembre de 2016 obtuvo el bachillerato STMG (ciencias y tecnologías de la gestión y la administración). Necesitaba este diploma para mis planes postprofesionales, entre ellos convertirme en entrenador", afirma.

Carrera en el club

AS Mónaco (2015-2017)

Kylian Mbappé debutó en la Ligue 1 el 2 de diciembre de 2015 en un empate en casa contra el Stade Malherbe de Caen (1-1), cuando aún no había cumplido los 17 años (16 años y 11 meses). Sustituyó a Fábio Coentrão en el minuto 88 y se convirtió en el jugador más joven en vestir la camiseta profesional del AS Mónaco en L1, batiendo el récord anterior, que pertenecía a Thierry Henry desde 1994. Este récord será superado por Pietro Pellegri en 2018. El 20 de febrero de 2016, Kylian Mbappé marcó su primer gol como profesional, en el tiempo añadido contra el ES Troyes AC (3-1). Con 17 años y 62 días, se convirtió en el goleador más joven de la historia del AS Mónaco, superando el récord histórico de Thierry Henry. El 6 de marzo de 2016, tras una negociación de alto nivel, Kylian Mbappé firmó su primer contrato profesional de tres años, que le vincula al ASM hasta junio de 2019.

Con la selección sub-19 del Mónaco, ganó la Coupe Gambardella en mayo de 2016, marcando dos goles en la final contra el RC Lens. Unas semanas más tarde, Kylian Mbappé ganó el Campeonato de Europa de Fútbol Sub-19 de 2016 con la selección francesa sub-19, marcando cuatro goles mientras era superado.

Durante el mercado de fichajes de verano de 2016, el AS Mónaco rechazó una oferta de 40 millones de euros del Manchester City inglés. El 11 de febrero de 2017, marcó su primer triplete en la Ligue 1 contra el FC Metz (victoria por 5-0). Diez días después, Kylian Mbappé marcó su primer gol en la Liga de Campeones contra el Manchester City (el Mónaco perdió 5-3), convirtiéndose en el segundo delantero francés más joven de la competición por detrás de Karim Benzema.

El 5 de marzo de 2017, alcanzó la decena de goles en la Ligue 1 con un doblete contra el FC Nantes. El 12 de abril, marcó su primer doblete en la Liga de Campeones en la ida de cuartos de final contra el Borussia Dortmund. En la vuelta, marcó su quinto gol en la competición, convirtiéndose así en el jugador más joven en alcanzar esa cifra y en el primero en marcar un gol en cada uno de sus cuatro primeros partidos eliminatorios de la Liga de Campeones. Volvió a ser el goleador más joven de la historia de la competición en la semifinal contra la Juventus, la mejor defensa de la competición en 2016-2017, que venció al Mónaco.

El 17 de mayo de 2017, Kylian Mbappé y el AS Mónaco ganaron la Ligue 1 por delante del cuatro veces defensor del título, el París Saint-Germain. Kylian Mbappé terminó quinto en la tabla de goleadores con quince goles, a pesar de haber jugado poco (solo 1.500 minutos).

Durante la temporada baja, se rumoreó que el joven francés estaba en el punto de mira de algunos de los clubes de fútbol más importantes de Europa, como el París Saint-Germain, el Real Madrid y el Manchester City. El club monegasco y su entrenador, Leonardo Jardim, le empujaban hacia el Real Madrid, pero el jugador se decantó por el París Saint-Germain.

París Saint-Germain (desde 2017)

Tras varias semanas de anuncios contradictorios en los medios de comunicación, Kylian Mbappé se incorporó al París Saint-Germain el último día del mercado de fichajes, el 31 de agosto de 2017, en calidad de cedido por una temporada con opción de compra por 180 millones de euros. La opción se ejercerá automáticamente si el PSG se mantiene en la Ligue 1. Al término de la cesión, Kylian Mbappé firmó con el París Saint-Germain un contrato de cinco años, con un salario base libre de impuestos de 10 millones de euros por temporada hasta 2022, convirtiéndose en el segundo jugador más caro de la historia del fútbol francés, por detrás de su nuevo compañero Neymar, fichado unas semanas antes. En el París Saint-Germain lleva el número 29, que eligió en homenaje al cumpleaños de su hermano pequeño Ethan.

El convincente discurso de Unai Emery en casa de Mbappé en verano fue parte de la razón del cambio entre París y Madrid, mientras que Zidane no podía garantizar al joven un puesto de titular en el Real Madrid (recién conquistada su tercera Liga de Campeones consecutiva) con un trío atacante formado por Benzema, Bale y Ronaldo.

Luis Ferrer, ojeador del PSG, declara al diario *Le Parisien*: "¡Recuerdo lo fuerte y bueno que era Unai! Le dio su palabra a Kylian de que jugaría con él. Y cumplió su promesa", recuerda Ferrer. Kylian no estaba del todo listo para un partido de Liga de Campeones, pero Unai se había comprometido, así que jugó con él de todos modos". Y prosigue: "Una noche, volví a París a las 22.30 horas. Cuando llegué, llamé a Antero para ver cómo iba todo y se sorprendió de que no me hubiera quedado en el sur. Al día siguiente, a las seis, cogí el primer vuelo. Dos horas más tarde estaba llamando al timbre de Mbappé con cruasanes.

Como explicó al medio argentino *Infobae*: "Tuvimos que trabajar el doble que el Real Madrid. Fuimos a su casa para hablar con sus padres y venderles nuestro proyecto. Tuvimos que hacer muchas cosas para demostrarle que realmente le queríamos y que sería importante para nosotros". Mbappé quería encontrar un club de prestigio en el que pudiera asegurarse un puesto en el primer equipo a un año del Mundial.

Jugó su primer partido el 8 de septiembre contra el FC Metz, marcando su primer gol con el club parisino (victoria por 5-1). Cuatro días más tarde, disputó su primer partido europeo con la camiseta parisina contra el Celtic FC, con victoria por 5-0. Marcó el segundo gol del PSG, el primero en la Liga de Campeones con sus nuevos colores. Con 18 años y nueve meses, se convirtió en el goleador más joven del PSG en la Copa de Europa, superando a su compañero Marquinhos. El 27 de septiembre, Kylian Mbappé cuajó una gran actuación en la Liga de Campeones contra el Bayern de Múnich (victoria por 3-0). Dio dos asistencias y fue elegido mejor jugador del partido. Tras el partido, numerosas personalidades del fútbol quedaron impresionadas por su talento, entre ellas Carlo Ancelotti y su compañero Neymar, quien afirmó que algún día "iría a por el Balón de Oro". Para Arsène Wenger, podría ser un nuevo Pelé. El 23 de octubre de 2017 fue elegido *Golden Boy*, trofeo que se concede al mejor futbolista menor de 21 años que juega en Europa. Kylian Mbappé atravesó entonces un periodo de baja forma durante algunas semanas, lo que llevó a los medios de comunicación a cuestionar su lugar como titular en una plantilla tan rica como la del París Saint-Germain. Volvió a ver puerta, en Angers (dos veces en una victoria por 0-5) y Estrasburgo (1 gol y una derrota por 2-1) en la Ligue 1, pero también en la Liga de Campeones contra el Celtic (1 gol en una victoria por 7-1) y contra el Bayern de Múnich (1 gol en una derrota por 3-1). El 7 de diciembre de 2017 se clasificó como 7º y mejor jugador francés en el Balón de Oro a la edad de 18 años y 11 meses, lo que le convirtió en el jugador más joven de la historia en entrar en el top 10. El 20 de diciembre de 2017, día de su 19 cumpleaños, volvió a la titularidad y marcó un gol en la 19ª jornada de la Ligue 1 en el Parque de los Príncipes contra el Caen, lo que le convirtió en el máximo goleador francés de 2017 con 33 goles, por delante de Alexandre Lacazette, que juega en la Premier League. Durante la derrota parisina ante el Olympique Lyonnais, chocó violentamente con Anthony Lopes durante el despeje de este último, y tuvo que retirarse lesionado. El 30 de enero de 2018, durante el partido de semifinales de la Copa de la Liga entre el París Saint-Germain y el Rennes, recibió la primera tarjeta roja de su carrera por una falta sobre Ismaïla Sarr, que tuvo que ser retirado en camilla.El 21 de febrero de 2018, invitado por Emmanuel Macron, asistió a un "almuerzo de trabajo" en el Palacio del Elíseo en honor del exfutbolista George Weah, recién elegido presidente de Liberia.

El 25 de febrero de 2018, Kylian Mbappé abrió el marcador en la victoria de los parisinos contra el Marsella (3-0) y se convirtió en el goleador más joven del Clásico de la Ligue 1 con 19 años, 2 meses y 8 días, destronando al ex marsellés Samir Nasri, que marcó contra el París con 19 años, 2 meses y 17 días el 10 de septiembre de 2006. El 31 de marzo de 2018, conquistó su primer título desde su fichaje por el París-Saint-Germain contra el AS Mónaco (victoria por 3-0) en la final de la Copa de la Liga, en la que fue elegido hombre del partido. A continuación, se proclamó campeón de Francia con el PSG. Terminó la temporada como decimotercer máximo goleador de la Ligue 1, con trece goles en liga, confirmando su condición de gran promesa del fútbol. Sus compañeros del París Saint-Germain le apodaron "Donatello".

Jugador francés del año pese a la decepción colectiva (2018-2019)

Kylian Mbappé, que había ganado una segunda estrella con la selección francesa, se perdió los partidos de preparación, el Trofeo de Campeones ganado por sus compañeros contra el AS Mónaco y la primera jornada de la temporada. Arrancó la temporada con fuerza en la segunda jornada, entrando en el descanso contra el Guimgamp, que ganaba por un gol a los parisinos, en apuros. Su entrada revitalizó el juego del PSG, que empató desde el punto de penalti, antes de que Kylian Mbappé anotara dos goles para asegurar la victoria y tres puntos más (3-1). En la tercera jornada de la liga francesa, Kylian Mbappé marcó un gol y dio una asistencia a su compañero Neymar contra el Angers. Marcó su cuarto gol de la temporada contra el Nîmes, partido en el que recibió una sanción de tres partidos. El 7 de octubre de 2018, contra el Lyon, marcó cuatro goles en trece minutos (victoria por 5-0). Con 19 años y 9 meses, fue el jugador más joven en anotar una racha de cuatro goles en liga desde Marc Berdoll en 1973 (en el extranjero, Robert Lewandowski marcó cinco goles en solo 9 minutos durante un partido entre el Bayern de Múnich y el Wolfsburgo en 2015). En el *clásico de Marsella del* 28 de octubre, Thomas Tuchel le dejó en el banquillo tras llegar tarde a la charla previa al partido. Justo después de la hora de juego, Kylian Mbappé deshizo el empate con un disparo cruzado que batió a Steve Mandanda (victoria final por 0-2). Cinco días después abrió el marcador contra el Lille, convirtiéndose en el jugador más joven en superar los 40 goles en la Ligue 1.

El 4 de diciembre de 2018, pese a quedar cuarto en el Balón de Oro, ganó la edición inaugural del Trofeo Kopa, concedido al mejor jugador del mundo menor de 21 años. Nominado por una comitiva de 22 antiguos ganadores del Balón de Oro, fue clasificado en primer lugar por unanimidad, obteniendo el máximo número de votos (110 puntos). El inicio de 2019 continuó en la misma línea que su primera mitad de temporada, con 6 goles en liga y en la Copa de Francia.

El 12 de febrero de 2019, marcó el segundo gol del París contra el Manchester United en la ida de los octavos de final de la Liga de Campeones (0-2). El gol fue su 14º en 24 partidos de Liga de Campeones e igualó la marca de Zinedine Zidane de 14 goles en 80 partidos. El 17 de febrero, marcó el único gol del PSG contra el AS Saint-Étienne, convirtiéndose en el primer jugador francés en los últimos 45 años en marcar 19 goles en 18 partidos de la Ligue 1. El 21 de febrero, marcó su vigésimo gol de la temporada en la victoria por 5-1 contra el Montpellier y se convirtió en el máximo goleador histórico del PSG en la liga francesa, superando el récord anterior de Dominique Rocheteau de 19 goles en una temporada (1985-1986).

El 23 de febrero, Kylian Mbappé marcó dos goles en la victoria por 3-0 de los parisinos sobre el Nîmes, y sus dos tantos le convirtieron en :

- primer jugador francés que alcanza la cifra de 50 goles en 88 partidos en la máxima categoría desde Jacky Vergnes en 1971 (50 goles en 83 partidos).

- el jugador más joven en alcanzar la marca de 50 goles en la Ligue 1 en las últimas 45 temporadas, con 20 años y 2 meses, superando a Yannick Stopyra (21 años y 12 meses en 1982) y Djibril Cissé (22 años y 1 mes en 2003).

- el jugador más joven de la historia del Campeonato de Francia en marcar 50 goles a la edad de 20 años y 2 meses, destronando así a Rachid Mekhloufi (20 años y 4 meses), que se convirtió en el "cincuentón" más joven de todos los tiempos en 1957.

- el primer jugador que marca 22 goles en sus 20 primeros partidos de una temporada de L1/D1 sin lanzar un solo penalti desde Josip Skoblar con el Marsella en 1971.

- el primer jugador francés que marcó 22 goles tras sus 20 primeros partidos en una misma temporada de L1/D1 durante 56 años fue Serge Masnaghetti (con el Valenciennes en 1963).

El 2 de marzo, marcó dos goles que dieron al París Saint-Germain la victoria por 2-1 sobre el Caen, incluido su primer penalti en la Ligue 1. A la edad de 20 años, también se convirtió en el jugador más joven en marcar 50 goles con el París, superando a Mustapha Dahleb, que tenía 25 años cuando alcanzó la marca de 50 goles.

En mayo, fue elegido mejor jugador de la Ligue 1 y mejor promesa de la temporada en los trofeos UNFP 2019.

Al final de la temporada 2018-2019, Kylian Mbappé terminó como máximo goleador de la liga francesa con 33 goles.

Cuádruple final nacional y final de la Liga de Campeones (2019-2020)

Tras el regreso de Leonardo como director deportivo del PSG, el inicio de la temporada comenzó con una victoria en el Trofeo de Campeones contra el Rennes (2-1), durante la cual Mbappé ya había estrenado su cuenta goleadora. El 11 de agosto de 2019, Kylian Mbappé comenzó la primera jornada del campeonato con un gol y una asistencia contra el Nîmes (victoria por 3-0). El 23 de octubre de 2019, con 20 años y 306 días, se convirtió en el jugador más joven de la historia de la Liga de Campeones en marcar 15 goles en la competición, por delante de Lionel Messi y Raúl. El 26 de noviembre de 2019, jugó su partido 100 con el PSG contra el Real Madrid (2-2) en la Liga de Campeones, marcando el primer gol de los parisinos.

El resto de la temporada estuvo marcado por la crisis sanitaria mundial provocada por la pandemia de Covid-19, y el campeonato francés se detuvo definitivamente en marzo de 2020 (con el París Saint-Germain coronado campeón tras un total de 28 partidos). Con 18 goles en 20 partidos, Kylian Mbappé se coronó máximo goleador de la Ligue 1 por segundo año consecutivo. Su compatriota Wissam Ben Yedder ha marcado tantos goles como él, pero la LFP afirma que el monegasco "ha marcado menos goles en juego que Kylian Mbappé (15 frente a 18)".

En junio de 2020, el observatorio de fútbol CIES publicó su lista de los jugadores más caros del mundo. En ella, Kylian

Mbappé ocupaba el primer puesto, con un valor de 259,2 millones de euros, muy por delante de todos los demás futbolistas. El 24 de julio, en el minuto 29 de la final de la Copa de Francia contra el Saint-Étienne (victoria por 1-0), Kylian Mbappé, a toda velocidad, fue placado violentamente por Loïc Perrin. Tras permanecer un largo rato en el suelo mientras el defensa de los Verts era expulsado, el campeón del mundo regresó cojeando al vestuario entre lágrimas. Al final del partido, reapareció en el banquillo con el pie derecho entablillado y en muletas. El esguince de tobillo le impidió jugar la final de la Copa de la Liga contra el Lyon. Reapareció el 12 de agosto, en la segunda parte del partido de cuartos de final de la Liga de Campeones contra el Atalanta de Bérgamo, en Lisboa, y contribuyó a la remontada del PSG en los últimos minutos (2-1). A continuación, participó en la victoria de su equipo por 3-0 contra el Leipzig, que le dio el pase a la final contra el Bayern de Múnich, que acababa de eliminar al Lyon.

Lo más destacado de la temporada 2020-2021

El 5 de diciembre de 2020 marcó su gol número 100 contra el Montpellier HSC. Ese día su equipo ganó por tres goles a uno.

El 16 de febrero de 2021, durante el partido de ida de los octavos de final de la Liga de Campeones, se convirtió en el primer jugador desde Andriy Shevchenko en 1997 en marcar un triplete en el Camp Nou contra el Barcelona (victoria por 1-4), y superó a Pauleta en la tabla de goleadores del París Saint-Germain, así como a Zinedine Zidane en la de la Liga de Campeones. Su actuación fue ampliamente aclamada por la prensa europea. En el partido de vuelta (1-1), el 10 de marzo de 2021, marcó un gol para convertirse en el jugador más joven en alcanzar la marca de 25 goles en la Liga de Campeones. Según KPMG, que publicó un nuevo estudio sobre el valor de los futbolistas en febrero de 2021, Kylian Mbappé sigue siendo el jugador más caro del mundo, con un valor de 185 millones de euros, inferior al de 2020 debido a la crisis sanitaria mundial, pero todavía muy por delante de los ingleses Harry Kane y Raheem Sterling (125 millones de euros).

En el partido contra el Olympique Lyonnais de la 30ª jornada de la Ligue 1, marcó sus 100 goles en la Ligue 1 a la edad de 22 años y 91 días. Se convirtió así en el jugador más joven en alcanzar este hito simbólico, destronando a Hervé Revelli, que ostentaba el récord de goleador más precoz (23 años y 153 días). Tras ese partido, había marcado 30 goles en todas las competiciones, lo que convertía a Kylian Mbappé en el primer jugador francés de la Ligue 1 en marcar más de 30 goles en tres temporadas consecutivas desde Jean-Pierre Papin, que logró la hazaña cuatro años seguidos entre 1988 y 1992. El 7 de abril, en la ida de los cuartos de final de la Liga de

Campeones, marcó dos goles en la nieve del campo del Bayern de Múnich, contribuyendo así a la victoria de su equipo por 3-2 y a la derrota del vigente campeón. También dio muestras de su creciente carácter sobre el terreno de juego, al no dudar en dar la voz de alarma cuando el PSG encajó un gol en el minuto 78 contra el Saint-Étienne. El 19 de mayo de 2021, cuando marcó en la victoria del PSG sobre el AS Mónaco en la final de la Copa de Francia, se convirtió en el cuarto máximo goleador de la historia de Francia en todas las competiciones en una sola temporada, con 45 goles, por detrás de Just Fontaine (52 goles), Roger Courtois (49 goles) y Jean-Pierre Papin y Stéphane Guivarc'h (47 goles).

Temporada 2021-2022, una prórroga en París

En el verano de 2021, Lionel Messi fichó por el PSG. El trío apodado el MNM, formado por Mbappé, Neymar y Messi, se anunciaba como el mejor ataque de Europa. Mbappé, cuyo contrato expiraba en junio de 2022, pidió el traspaso al Real Madrid en el verano de 2021, que hizo una oferta de 200 millones de euros al PSG.

Al final de la temporada 2021-2022 de la Ligue 1, Mbappé se proclamó campeón de Francia por quinta vez y terminó como máximo goleador y máximo pasador de la temporada, algo inédito en la historia de la liga francesa, con 28 goles y 17 asistencias en 35 partidos. También fue nombrado "mejor jugador de la Ligue 1" por tercera vez (récord compartido con Zlatan Ibrahimović) en los trofeos UNFP 2022.

En otras competiciones, no pudo evitar la derrota en el Trofeo de Campeones 2021 contra el Lille ni la eliminación prematura en octavos de final de la Copa de Francia contra el Niza, así como en la Liga de Campeones contra el Real Madrid, a pesar de marcar en los dos partidos (1-0, 1-3).

Tras haber llegado al final de su contrato con el París el 30 de junio de 2022, Kylian Mbappé anunció el 21 de mayo que se comprometía con el París Saint-Germain por dos temporadas más una opción, rechazando una oferta del Real Madrid. Esa misma noche, marcó un triplete en el último partido de la temporada contra el FC Metz. Aunque el jugador de Bondy terminó como máximo goleador de la liga, sólo marcó en 19 partidos diferentes, menos que Wissam Ben Yedder, el segundo máximo goleador de la competición.

Temporada 2022-2023

El 21 de agosto de 2022, contra el LOSC Lille en el Stade Pierre-Mauroy, Mbappé marcó 8,06 segundos después del saque inicial (el PSG ganó 7-1). Se considera el segundo gol más rápido de la historia del campeonato francés, después del gol de Michel Rio en la temporada

1991-1992 con el SM Caen contra el AS Cannes (victoria por 3-1), marcado a los 7,72 segundos.

El 2 de noviembre de 2022, Mbappé dejó su huella durante la victoria de su equipo por 1-2 en la Liga de Campeones contra la Juventus al marcar un gol, su cuadragésimo en la competición. Se convirtió así en el jugador más joven en alcanzar esa cifra. Ese mismo mes, la revista *So Foot* lo clasificó entre los 1.000 mejores jugadores de la liga francesa, en el puesto 23. El 19 de enero, Kylian Mbappé marcó un gol de penalti y dio 2 asistencias contra el Al-Nassr Football Club, el club de Cristiano Ronaldo y su primer partido con sus nuevos colores. Unos días más tarde, en la Copa de Francia, marcó un quíntuple contra el equipo regional 1 US Pays de Cassel. Fue su primer quíntuple en todas las competiciones como profesional, y se convirtió en el primer jugador del París-Saint-Germain en marcar un quíntuple en un solo partido. En ese mismo partido, lució por primera vez el brazalete de capitán durante todo el encuentro. El 1 de febrero de 2023, apenas dos semanas antes del partido de ida de la Liga de Campeones contra el Bayern de Múnich en el Parque de los Príncipes, Kylian Mbappé abandonó el partido por lesión tras sólo 20 minutos contra el Montpellier HSC (victoria por 1-3), aquejado de un dolor en el muslo izquierdo. Sin embargo, logró entrar en la lista de convocados para el partido de ida contra el Bayern de Múnich, entrando como suplente en la segunda parte, en la última media hora. Su entrada cambió radicalmente la cara de su equipo, y Kylian Mbappé incluso marcó el gol del empate, que finalmente fue anulado por un leve fuera de juego de Nuno Mendes. Al final, el París-Saint-Germain perdió 0-1 en casa contra el Bayern de Múnich. El 19 de febrero de 2023 fue titular y jugó todo el partido contra el LOSC Lille, a pesar de que no se había recuperado totalmente de su lesión. Marcó dos goles en el partido, ayudando a su equipo a lograr una victoria por 4-3.

El 26 de febrero de 2023, marcó dos goles contra el Olympique de Marsella y se convirtió en el máximo goleador del París-Saint-Germain, igualado con Edinson Cavani (200 goles). El 4 de marzo de 2023, se convirtió en el único plusmarquista goleador del París-Saint-Germain tras marcar contra el FC Nantes.

Temporada 2023-2024

El 21 de julio de 2023, el París-Saint-Germain apartó a Kylian Mbappé y no lo envió con el resto de la plantilla a la gira por Japón. El club quiere que el delantero amplíe su contrato una temporada más o acepte ser vendido inmediatamente. El 13 de agosto de 2023, Kylian Mbappé se reintegró a la plantilla del primer equipo.

Mbappé marcó su primer doblete de la temporada el 26 de agosto de 2023 en un partido de liga contra el RC Lens, contribuyendo a la victoria de su equipo por tres goles a cero.

Fue nominado al premio The Best - Jugador FIFA del Año 2023. El 11 de noviembre de 2023, Kylain Mbappé marcó un triplete en la victoria por 3-0 contra el Stade Reims. En noviembre, Mbappé fue nombrado mejor jugador del mes de la Ligue 1.

Mbappé ganó el Trofeo de Campeones 2023 con su equipo contra el Toulouse el 4 de enero de 2024 en el Parque de los Príncipes, marcando el segundo y último gol de su equipo. Este es su tercer Trofeo de Campeones, tras los ganados en 2019 y 2020.

Equipo de Francia

Primeras selecciones de 2016 a 2018

En 2016, Kylian Mbappé fue uno de los jugadores clave de la selección sub-19 de Francia que se proclamó campeona de Europa. Marcó un doblete decisivo en la semifinal contra Portugal. Anotó siete goles en once partidos con este grupo de edad.

Nunca formó parte de la selección francesa sub-21. Didier Deschamps le convocó por primera vez con Francia el 16 de marzo de 2017, durante los partidos de clasificación para el Mundial de 2018 contra Luxemburgo y para un amistoso contra España. El 25 de marzo de 2017, entró como suplente en el minuto 78 en su primer partido como internacional contra Luxemburgo (victoria por 3-1).

El 13 de junio de 2017, contra Inglaterra, dio su primer pase decisivo de *azul* a Ousmane Dembélé (victoria por 3-2). El 31 de agosto, en un partido de clasificación para el Mundial contra Holanda, marcó su primer gol de azul, el cuarto de la victoria por 4-0. El 27 de marzo de 2018, tras una larguísima sequía goleadora (484 minutos sin marcar con Les Bleus), anotó dos goles más en un amistoso en Rusia, en su duodécima convocatoria, convirtiéndose a sus 19 años y 97 días en el goleador a domicilio más joven de la selección francesa desde René Gérard en marzo de

1933, y en el más joven desde 1945 en marcar dos goles. Aquel día, tras haber vestido las camisetas número 12 y 20 de la selección, lució por primera vez el número 10.

Mundial 2018: ganador y mayor esperanza del mundo

Fue incluido en la lista de 23 convocados para el Mundial de 2018. En el primer partido contra Australia, se convirtió en el jugador más joven en participar en un partido de un gran torneo con la selección francesa, con 19 años y 6 meses, superando a Bruno Bellone (20 años y 118 días contra Polonia en 1982). Marcó su primer gol contra Perú el 21 de junio, en el segundo partido de la fase de grupos. Con 19 años, 6 meses y un día, se convirtió en el jugador francés más joven en marcar en un gran torneo, superando a David Trezeguet (20 años y 246 días contra Arabia Saudí en el Mundial de 1998), el primer jugador en marcar un gol en un Mundial nacido después de la victoria de Francia en 1998 y el cuarto jugador del PSG en marcar con la selección francesa en un Mundial tras Dominique Rocheteau (1982), Luiz Fernández (1986) y Blaise Matuidi (2014).

El 30 de junio, durante la victoria de Francia por 4-3 sobre Argentina en octavos de final del Mundial, provocó tres peligrosos lanzamientos de falta y un penal transformado por Antoine Griezmann en la primera parte, tras ser derribado en el área por Marcos Rojo después de una salida desde su propio campo en la que se le cronometró a 37 km/h. En la segunda parte, marcó dos goles y se convirtió en el jugador más joven en marcar dos tantos en un partido eliminatorio de la Copa Mundial desde Pelé (17 años y 8 meses en la semifinal del Mundial de 1958 contra Francia). También se convirtió en el segundo jugador más joven de la historia de los Mundiales en marcar tres goles (19 años y 6 meses), por detrás de Pelé (17 años y 8 meses), y en el primer jugador francés en marcar al menos dos goles en la fase eliminatoria de un partido mundialista desde Zinédine Zidane en 1998.

El 6 de julio, a pesar de sus dificultades para penetrar en la defensa rival, contribuyó a la victoria de Francia sobre Uruguay (0-2) en cuartos de final, lo que clasificó a los Bleus para la semifinal contra los belgas. En la victoria sobre Bélgica (1-0), el 10 de julio, completó siete de los quince regates que intentó contra los Diablos Rojos. Ningún jugador francés había logrado tantos regates en un partido de la Copa Mundial desde que comenzaron las estadísticas en 1966.

El 15 de julio de 2018 se proclamó campeón del mundo después de que Francia venciera a Croacia por 4-2 en la final. Tras un pase de Lucas Hernández, marcó el cuarto gol de Francia con un disparo enroscado desde 25 metros, convirtiéndose en el segundo goleador más joven de la historia en una final de la Copa del Mundo después de Pelé (que marcó en la final del Mundial de 1958 contra

Suecia con 17 años). Con este gol, también se convirtió en el delantero francés más joven en marcar en la final de una gran competición, superando a Bruno Bellone contra España en la Eurocopa 1984 (con 22 años y 105 días), el segundo jugador francés de la Ligue 1 en marcar en una final de la Copa Mundial después del argentino Jorge Burruchaga en 1986 (jugaba entonces en el FC Nantes), el primer jugador del París Saint-Germain que marca en una final de la Copa Mundial y el primer jugador parisino que marca en una final internacional desde el nigeriano Jay-Jay Okocha en la Copa Africana de Naciones 2000. Kylian Mbappé es también el segundo *adolescente que marca en una final de* la Copa Mundial, sesenta años después de Pelé.

Al final del Mundial, en el que marcó cuatro goles, fue nombrado "Mejor Jugador Joven" de la competición por la FIFA. Con 19 años y 207 días, se convirtió en el tercer campeón del mundo más joven de la historia, por detrás del brasileño Pelé en 1958 (17 años, 8 meses y 6 días) y del italiano Giuseppe Bergomi en 1982 (18 años, 6 meses y 17 días). En aquel Mundial logró 32 regates, todo un récord para un jugador francés. También se ganó los elogios del mismísimo Pelé, que tuiteó el 15 de julio: "Si Kylian sigue igualando así mis récords, tendré que desempolvar mis botas", a lo que Kylian Mbappé respondió: "El Rey siempre seguirá siendo el Rey". Por su parte, Miroslav Klose, poseedor del récord de goles marcados en un Mundial (16 en cuatro participaciones entre 2002 y 2014), está convencido de que Kylian Mbappé puede igualar o superar su marca: "Para ello, Francia tendrá que seguir siendo competitiva a largo plazo. De momento, hay motivos para ser optimistas", afirma.

Fracaso de la Eurocopa 2020 y ganador de la Nations League 2021

El 11 de octubre de 2018, al marcar su décimo gol internacional contra Islandia (2-2), Kylian Mbappé se convirtió en el primer jugador en superar la barrera de los diez goles con la selección francesa antes de los veinte años. Durante los partidos de clasificación para la Eurocopa 2020, se distinguió por marcar dos goles en dos partidos, ambos en los que fue titular. Su primer gol llegó al final del partido contra una modesta selección moldava, contribuyendo a la victoria de Francia por 4-1. Por último, en el Estadio de Francia, también participó en la contundente victoria de los Bleus contra Islandia (4-0). Era su duodécimo gol en treinta partidos con Francia, la primera vez que marcaba con la selección con sólo 20 años.

Durante la reanudación de esta fase de clasificación para la Eurocopa 2020, muy criticada tras la derrota de Les Bleus por 0-2 en Turquía, Kylian Mbappé se recuperó cuatro días después, el 11 de junio, y abrió el marcador contra Andorra (el partido terminó 4-0), lo que supuso el gol 100 de su carrera profesional (27 con el AS Mónaco, 60 con el PSG, 13 con la selección francesa), mejor que Lionel Messi y Cristiano Ronaldo a la misma edad. Marcó tres goles y dio tres asistencias durante la fase de clasificación para la Eurocopa 2020 en el grupo H, que finalizó en noviembre de 2019 y en la que Francia se clasificó como primera de grupo con ocho victorias, un empate y una derrota.

El 5 de septiembre de 2020, tras nueve meses sin jugar debido a la pandemia de Covid-19, la selección francesa venció 1-0 a Suecia en el Friends Arena de Solna, en partido puntuable para la Nations League 2020-2021. Mbappé marcó el único gol del partido en el minuto 41, tras un eslalon en el área sueca. El 7 de septiembre, dio positivo por Covid-19, lo que le obligó a retirarse del segundo partido contra Croacia. Durante los tres primeros partidos de clasificación para el Mundial de 2022 en el Grupo D, en marzo de 2021, contra Ucrania (empate 1-1), Kazajistán (victoria 2-0) y Bosnia-Herzegovina (victoria 1-0), tuvo actuaciones decepcionantes, sin impacto en el juego del equipo francés y mostrándose "poco en forma", "falto de frescura" y "demasiado previsible".

En la Eurocopa 2020, Kylian Mbappé fue el delantero más peligroso de la selección francesa, a menudo lanzado por pases largos de Paul Pogba, y participó en la mayoría de los siete goles marcados por Les *Bleus* durante el torneo. Creó numerosas ocasiones, pero no logró marcar. El 28 de junio de 2021, en los octavos de final de la Eurocopa 2020, cuando Francia se enfrentaba a Suiza y los dos equipos no conseguían resolver la eliminatoria al final de un partido lleno de giros (3-3), Kylian Mbappé fue designado para lanzar el 5º penalti de Francia. Tras cinco penaltis acertados por Suiza y cuatro por Francia, el guardameta suizo Yann Sommer detuvo el lanzamiento de Mbappé, con lo que Suiza pasó a cuartos de final y, al mismo tiempo, la selección francesa quedó eliminada de la competición.

A pesar de este importante revés en la Eurocopa, la selección francesa se recuperó rápidamente al ganar la Final Four de la segunda edición de la Nations League, que disputará en Italia en octubre de 2021. En la semifinal contra Bélgica, Kylian Mbappé celebró su quincuagésima internacionalidad y, con 22 años y 291 días, se convirtió en el internacional francés más joven en alcanzar este hito. Cuando los Bleus perdían por 2-0 al término de la primera parte, Mbappé asistió a Karim Benzema, que recortó distancias con un disparo desviado a la hora de juego. A continuación, el VAR concedió un penal por falta sobre Antoine Griezmann. Benzema cedió el balón a Mbappé para que disparara, y éste lo transformó para igualar a 2-2. Al final, Francia se impuso por 3-2. El 10 de octubre, en la final contra España, con los dos equipos empatados 1-1 en el minuto 80, Kylian Mbappé recibió un pase al área de Théo Hernández, que estaba al borde del fuera de juego, y cruzó las piernas para batir al guardameta Unai Simón y marcar el gol de la victoria (2-1). El gol fue validado con la ayuda del VAR, ya que los árbitros consideraron que el defensa español Eric García había desviado intencionadamente el balón, poniendo de nuevo en juego al delantero francés.

El 13 de noviembre de 2021, Kylian Mbappé marcó cuatro goles con la selección francesa contra Kazajistán (victoria por 8-0). Fue el primer partido con cuatro goles de un jugador francés desde Just Fontaine, que logró la hazaña en el partido por el tercer puesto del Mundial de 1958 contra Alemania Occidental. La victoria en este partido de clasificación de la zona europea clasificó a los Bleus para el Mundial de Qatar 2022. Tres días más tarde, en el último partido del Grupo D, en Finlandia, donde Francia se impuso por 2-0, asistió a Karim Benzema con un taconazo para el primer gol de Francia, y marcó el segundo tras una carrera de 30 metros por la línea de banda, antes de recortar por la izquierda y batir al guardameta Lukáš Hrádecký por el segundo palo (su gol 24 en 53 partidos). En marzo de 2022, en un amistoso contra Sudáfrica, marcó dos goles en la victoria por 5-0 de Francia. En junio y septiembre de 2022, en dos partidos contra Austria en la Nations League (empate 1-1 y victoria 2-0), marcó un gol en cada encuentro, lo que le llevó al top 10 de máximos goleadores de Francia con 28 goles (empatado con Youri Djorkaeff).

Mundial 2022: finalista y máximo goleador de la competición

El 9 de noviembre de 2022, Didier Deschamps le seleccionó para el Mundial de Qatar 2022. Le acompañarán en ataque Kingsley Coman, Ousmane Dembélé, Olivier Giroud, Antoine Griezmann, Marcus Thuram y Randal Kolo Muani, mientras que Karim Benzema y su ex compañero en el París Christopher Nkunku, que también estaban seleccionados, tuvieron que retirarse por lesión. En el primer partido, contra Australia (4-1), marcó de cabeza el tercer gol en el minuto 68 y dio el pase decisivo a Olivier Giroud. Contra Dinamarca (2-1), marcó dos goles que permitieron a Francia clasificarse para octavos de final. Con sus 6 y 7 goles, superó a Thierry Henry y se convirtió en el segundo máximo goleador francés de la historia de los Mundiales (por detrás de Just Fontaine, con 13 goles), y a sus 23 años también igualó el total de 31 goles de Zinédine Zidane con Francia. En el partido de octavos de final contra Polonia, dio una asistencia a Olivier Giroud y marcó dos goles (victoria por 3-1), elevando su total a 9 goles en la Copa Mundial y 33 goles internacionales.

En la final contra Argentina (3-3, Argentina 4-2 en los penaltis), Mbappé marcó un hat-trick histórico, convirtiéndose en el segundo jugador de la historia en lograr tal hazaña en una final después de Geoffrey Hurst en 1966. Sumado a su gol en la final de 2018 contra Croacia, el francés es ahora el primer jugador de la historia que ha marcado 4 goles en una final de la Copa del Mundo, por delante de Pelé, Vavá, Geoffrey Hurst y Zinédine Zidane (3 goles).

Con ocho goles en el Mundial, se coronó máximo goleador del torneo, por delante de Lionel Messi (7 goles). No obstante, Messi fue coronado mejor jugador del Mundial, por delante de Mbappé (segundo) y Luka Modrić (tercero). Con 12 goles en la Copa del Mundo en dos participaciones, el francés es el sexto máximo goleador de la competición (empatado con Pelé).

Clasificación para la Eurocopa 2024

En marzo de 2023, tras la retirada internacional de Hugo Lloris, Didier Deschamps le nombró capitán de la selección francesa. Durante la fase de clasificación para la Eurocopa 2024, el 24 de marzo, en su primer partido con este nuevo estatus, Kylian Mbappé marcó dos goles y dio una asistencia a Antoine Griezmann contra Holanda (victoria por 4-0). El doblete le aupó al top 5 de los máximos goleadores de Francia, con 38 tantos, superando a Karim Benzema. El 16 de junio, marcó de penalti contra Gibraltar justo antes del descanso (victoria por 3-0), y el 19 de junio también marcó de penalti contra Grecia (victoria por 1-0). El 13 de octubre de 2023, marcó dos goles contra Holanda para ayudar a los *Bleus* a ganar 2-1 en el Johan Cruyff Arena y clasificarse para la Eurocopa 2024 de Alemania. En esa ocasión, superó a Michel Platini (41 goles en 72 partidos) al cruzar la barrera de los 42 goles en 72 apariciones. Unos días después, en un amistoso contra Escocia, marcó de penalti (victoria por 4-1). En el partido contra Gibraltar del 18 de noviembre de 2023 (victoria por 14-0), marcó un triplete y dio tres asistencias, con lo que superó a Antoine Griezmann y se convirtió en el 3er máximo goleador de los *Bleus* con 46 goles. Durante este partido -la mayor victoria de la historia de la selección francesa- marcó su último gol con un lanzamiento desde 44 metros, el gol número 300 de su carrera.

Estilo de juego

Kylian Mbappé puede jugar en todas las posiciones de ataque (izquierda, derecha, arriba o incluso en apoyo), combinando velocidad y habilidad técnica. Su posición preferida es la izquierda, preparado para disparar con la derecha en combinación con un delantero más centrado. Según Leonardo Jardim, su entrenador en el Mónaco, es especialmente hábil para aprovechar los espacios a la espalda de los adversarios, sobre todo corriendo más rápido que los defensas, pero también gracias a la calidad técnica de su regate, incluido el sprint. Capaz de una aceleración fulgurante, con una velocidad máxima de 38 km/h, es uno de los jugadores más rápidos del mundo, e incluso el más rápido con los pies según algunas fuentes. Se le suele destacar por la calidad de sus movimientos técnicos. Es un delantero que participa poco en el trabajo defensivo de recuperación del balón, y muchos entrenadores le han criticado por este aspecto del juego.

La prensa francesa se fijó en Mbappé por su gol típico, *el especial*, consistente en un gancho exterior con la derecha que supera a la defensa, seguido rápidamente de un potente movimiento interior con el mismo pie hacia la portería.

A menudo se le compara con Thierry Henry, Ronaldo y, durante el Mundial 2018, con el "Rey Pelé", sobre todo por los registros de precocidad que le acercan a este último. En 2019, su tendencia a situarse como delantero centro tanto en el PSG como en la selección francesa le ha valido comparaciones con el delantero centro del club parisino, Pauleta.

A medida que su posición en el campo ha evolucionado, su juego se ha vuelto más altruista, revelando sus cualidades como pasador. Es el jugador más joven en marcar 17 goles en la Liga de Campeones, y también fue el máximo pasador de la competición entre 2017 y 2020, con 15 asistencias.

Premios

Kylian Mbappé ha ganado un total de 17 títulos, 14 con su club y 3 con su selección.

En un club

Con su club de formación, el AS Mónaco, fue finalista de la Copa de la Liga en 2017 y del Trofeo de Campeones antes de proclamarse campeón de Francia ese mismo año. Fue su primer título profesional antes de fichar por el París Saint-Germain. Con el club de la capital desde la temporada 2017-2018, ha ganado cinco veces la Ligue 1 en 2018, 2019, 2020, 2022 y 2023, así como la Coupe de France en 2018, 2020 y 2021, la Coupe de la Ligue en 2018 y 2020 y el Trophée des Champions en 2019, 2020 y 2023.

En la selección nacional

Kylian Mbappé ganó el Campeonato de Europa sub-19 de 2016 con la selección francesa sub-19. Dos años después, ganó el Mundial 2018 con la selección absoluta francesa, durante el cual marcó cuatro goles (incluidos un doblete en octavos de final contra Argentina y un gol en la final contra Croacia). Tras una decepcionante Eurocopa 2020, resultó decisivo en la fase final de la Nations League, que ganaron *Les Bleus*. Después fue una de las piezas clave del

Mundial 2022, que perdió en los penaltis contra Argentina, a pesar de marcar un triplete durante el partido, más un penalti transformado, y convertirse en el máximo goleador de la competición (8 goles).

Premios

Registros

- Máximo goleador de todos los tiempos en finales de la Copa del Mundo con cuatro goles. Kylian Mbappé marcó un gol en la final de 2018 y tres en la final del Mundial de 2022.

- Máximo goleador de todos los tiempos en una única final de la Copa Mundial (tres goles en la final de 2022), empatado con Geoffrey Hurst (tres goles en la final de 1966).

- Jugador más joven que ha disputado dos finales de la Copa del Mundo (23 años, 11 meses y 29 días a 18 de diciembre de 2022, fecha de la segunda final en la que participó).

- El primer y único jugador en la historia de la liga francesa en terminar como máximo goleador (28 goles) y máximo pasador (17 asistencias) en una misma temporada, en 2021-2022.

- Autor (con Michel Rio en 1992) del gol más rápido (8 segundos) de la historia del campeonato de Francia (el 21 de agosto de 2022 contra el LOSC Lille).

- Máximo goleador francés en una sola temporada (combinando clubes y selección), con 54 goles en la temporada 2022-2023, superando a Just Fontaine (53 goles), que ostentaba el récord desde la temporada 1957-1958.

- Máximo goleador histórico del París Saint-Germain, con 240 goles, por delante de Edinson Cavani, con 200.

Premios individuales

La siguiente lista muestra todos los premios individuales de Mbappé por año natural.

Influencia socioeconómica

Renombre

El día después de que la selección francesa de fútbol ganara la final del Mundial 2018, el grupo LEJ lanzó una canción titulada *Liberté, Égalité*. Escrita especialmente para la ocasión, rinde homenaje en particular a Kylian Mbappé.

El 15 de agosto de 2018, Fyre, un rapero búlgaro de 22 años, publicó en la plataforma YouTube una canción titulada *Kylian Mbappé*, completa con vídeo, en la que rendía homenaje al futbolista. La canción, dedicada íntegramente al delantero francés, pasó relativamente desapercibida hasta el 9 de octubre de 2018, cuando recibió una cobertura masiva en los medios franceses.

Ese mismo año, los raperos franceses Médine y Booba le dedicaron el tema *Kyll*. El título es un juego de palabras entre su nombre de pila y el verbo "matar" en inglés, y varios pasajes de la canción hacen referencia directa a su mestizaje, como "Du nègre, de l'algérien font du Kylian Mbappé" ("Negro y argelino hacen a Kylian Mbappé") y "Mbappé Kylian (Mbappé), Alger, Dakar, c'est la *Oumma*"

("Mbappé Kylian (Mbappé), Argel, Dakar, es la *Ummah"*). El vídeo de la canción, rodado en las calles de Argel, se publicó en el canal de YouTube de Médine el 7 de enero de 2019.

Desde el verano de 2018, los medios de comunicación y las empresas del mundo se disputan a Kylian Mbappé, como la revista *Time, que* lo llevó a la portada de su edición Europa África Oriente Medio del 10 de octubre de 2018, destacando la notoriedad internacional que ha adquirido a sus 19 años, más allá de los conocedores del fútbol europeo.

Gestionando "él mismo" sus redes sociales, Mbappé es la personalidad francesa más seguida en Instagram desde 2020 (por delante de sus compañeros futbolistas Karim Benzema y Paul Pogba). Mientras que a finales de 2017 contaba con menos de 6 millones de seguidores, la cifra aumentó a 13,3 millones tras el Mundial de 2018, luego superó la barrera de los 50 millones en abril de 2021 y, por último, la de los 100 millones en marzo de 2023. Al alcanzar este hito simbólico, se unirá al "top 40" de cuentas más seguidas del mundo, del que es el sexto deportista (por detrás de los futbolistas Cristiano Ronaldo, Lionel Messi y Neymar, el jugador de críquet Virat Kohli y el jugador de baloncesto LeBron James).

Desarrollo económico e ingresos profesionales

A principios de 2020, Kylian Mbappé se convirtió en el futbolista más caro del mundo, con una valoración de 265 millones de euros.

Con unos ingresos anuales de 33,8 millones de dólares (incluidos 20,8 millones en salarios y 13 millones procedentes de asociaciones), es decir, 30,5 millones de euros, se convirtió en el deportista francés con mayores ingresos en 2019 y en el 36 deportista mejor pagado del mundo. Se convierte en el futbolista mejor pagado del mundo en la temporada 2022-2023, con 131 millones de dólares de ingresos (incluidos 110 millones de dólares en salarios y 18 millones de dólares de patrocinadores), por delante de Lionel Messi (120 millones de dólares) y Cristiano Ronaldo (100 millones de dólares), que compartieron este estatus durante los ocho años anteriores.

En las temporadas 2018-2019 y 2019-2020, su flocado es el más vendido en las camisetas del PSG. También es el flocado más popular para las camisetas de la selección francesa de fútbol.

Patrocinio y publicidad

A los 10 años, Nike empezó a suministrarle botas de fútbol. En 2013, con 14 años, Kylian Mbappé firmó un contrato de tres años con la empresa estadounidense, que prolongó en febrero de 2018. En diciembre de 2019, la marca lanzó una colección en su nombre, en homenaje en particular a la ciudad de Bondy, titulada "Bondy Dreams Mercurial Superfly". Al acto asistieron 130 jóvenes de Bondy en el Stade de France, privatizado para la ocasión. Nike también creó un anuncio publicitario titulado *"Love Your Dream Until it Loves You Back" (Ama tu sueño hasta que te ame), que* repasa su carrera, así como un mural en un edificio de Bondy.

Desde 2015, su abogada es Delphine Verheyden, especializada en Derecho deportivo.

Desde octubre de 2018, también es el rostro de la marca de relojes de lujo Hublot, así como, desde abril de 2019, de Good Goût, una empresa "100% orgánica" que opera en "nutrición infantil" para "devolver el sabor a los platos de bebés y niños".

En julio de 2020, EA Sports anunció que sería la figura de la portada internacional del videojuego FIFA 21. Al año siguiente, volvió a aparecer en la portada internacional de FIFA 22.

En diciembre de 2021, Mbappé anunció que ahora era embajador de la marca de lujo Dior, convirtiéndose en el nuevo rostro de la fragancia Sauvage, así como de la moda masculina a través de las creaciones de la diseñadora Kim Jones.

Presente en el draft de la NBA de 2022, anunció un acuerdo de colaboración entre la NBA y su empresa Zebra Valley, que podría incluir el apoyo a la Basketball Africa League, y después asistió a un partido de la WNBA.

Declaraciones de posición

Las posturas de Kylian tienen una audiencia acorde con su estatus, y no duda en expresar de vez en cuando sus opiniones sobre diversos temas.

Kylian Mbappé denuncia a los agentes de policía que golpearon violentamente al productor musical Michel Zecler en París antes de detenerlo bajo una acusación falsa. Zecler se salvó gracias a la presencia de una cámara.

Una gran marca le ha ofrecido dinero, pero Kylian Mbappé se niega a promocionar el alcohol.

El 25 de mayo de 2021, publicó en Instagram su vacuna Covid 19.

El 8 de enero de 2023, apoyó a Zinédine Zidane contra los comentarios descorteses de Noël Le Graët, entonces Presidente de la Federación Francesa de Fútbol.

El 28 de junio de 2023, se pronunció en Twitter sobre la muerte de Nahel, a la que describió como un "angelito". Los resultados de una encuesta de Odoxa de la semana siguiente mostraron una desaprobación mayoritaria de sus palabras y una caída de su popularidad.

Los trolls del PSG

En octubre de 2022, una investigación del diario Mediapart reveló que la dirección general del París Saint-Germain había creado un sistema de trolls en línea para atacar e insultar a los críticos del club en internet.

Kylian Mbappé fue el blanco personal de estos trolls cuando insinuó que posiblemente podría abandonar el club en 2019.

Compromisos

Desde que se unió a la selección francesa en marzo de 2017, Mbappé ha donado todas sus primas internacionales a organizaciones benéficas.

Desde junio de 2017, es patrono de la asociación Premiers de cordée, que ofrece iniciación deportiva a niños hospitalizados. También está comprometido con la fundación Abbé-Pierre para el alojamiento de los más desfavorecidos, así como con Tutti Passeurs d'Arts, una asociación que pretende iniciar en la educación musical y cultural a niños sin recursos económicos suficientes.

En 2019, se unió a la compañía Enfoirés. Volverá a participar en 2022.

En 2020, una camiseta firmada por Kylian Mbappé se vendió en una subasta por 160.000 euros a un comprador anónimo -algunos especularon con que fuera el propio jugador- a beneficio de una organización benéfica dedicada a los niños que luchan contra el cáncer.

Decoración

- Caballero de la Legión de Honor. Por decreto del Presidente de la República de 31 de diciembre de 2018, se nombra Caballero de la Legión de Honor a todos los miembros del equipo francés campeón del mundo de 2018.

Documentales de televisión

- *Kylian Mbappé, hors normes*, emitido en La chaîne L'Équipe el 6 de noviembre de 2017 ;

- *Kylian Mbappé : les secrets d'un surdoué*, emitido en M6 el 20 de noviembre de 2018 ;

- *Kylian Mbappé, hors normes II*, emitido en La chaîne L'Équipe el 26 de noviembre de 2018 ;

- *Mbappé: l'autre but de sa vie,* programa *especial Envoyé* de Élise Lucet en France 2, emitido el 18 de enero de 2023.

Otros libros de United Library

https://campsite.bio/unitedlibrary

Milton Keynes UK
Ingram Content Group UK Ltd.
UKHW022316020424
440481UK00015B/613